LASS UNS ÜBER NICHT-MONOGAMIE REDEN

Fragen und Gesprächseinstiege für Paare, die offene Beziehungen, Swingen oder Polyamorie erkunden wollen

Was macht *dich* an?

J.R. James

„Jenseits der Bettlaken"-Reihe

Buch 2

Copyright © 2019 J.R. James

ISBN: 978-1-952328-28-2

Verleih deinem Sexleben noch mehr Würze und entdecke alle „Lass uns reden" erotischen Fragebücher von J.R. James:

Lass uns über sexuelle Fantasien und Wünsche reden

Verleihe deinem Sexualleben Würze, indem du in sexuelle Fantasien eintauchst und deine sexuellen Interessen erforschst. Erkunde die sexuelle Vergangenheit deines Partners und finde heraus, was ihn wirklich erregt. Heizt die erotische Energie bei der Entdeckung von Dingen an, die vorher nie enthüllt wurden und sprecht aus, was euch wirklich antörnt!

Lass uns über Nicht-Monogamie reden

Interessiert an offenen Beziehungen, Swinging oder Polyamorie? Wenn du ethische Nicht-Monogamie jeglicher Art erkunden möchtest oder bereits praktizierst, werden diese aufschlussreichen Gesprächsfragen dir und deinem Partner dabei helfen, sexuelle Wünsche, Grenzen und Erwartungen gemeinsam zu untersuchen und zu diskutieren.

Lass uns über sexuelle Vorlieben und Fetische reden

Möchtest du gerne mit deinem Partner euren sexuellen Horizont erweitern? Willst du im Schlafzimmer verwegener werden, weißt aber nicht, wo du anfangen sollst? Wenn du einen inneren Wildfang hast, der nur darauf brennt, endlich freigelassen zu werden, dann ist dieses Buch für dich.

*****

Noch ein Wort zum Sprachgebrauch: Um die Fragen gut verständlich und lesbar zu halten, wird in diesem Buch größtenteils die männliche Form benutzt (z.B. „dein Partner" statt „dein Partner oder deine Partnerin"), natürlich sollen aber alle Geschlechter damit angesprochen werden. Passt die Fragen also eurer persönlichen Situation und Beziehungskonstellation an!

*****

Worum es in diesem Buch geht

Da du dieses Buch liest, stehen die Chancen gut, dass du oder dein Partner die Welt der Nicht-Monogamie erkunden wollen. Aufregend? Ja. Beängstigend? Ein wenig. Vielleicht habt ihr euch schon ein wenig darin versucht, eure Beziehung zu öffnen. Manche Paare experimentieren mit Dreiern und überlegen, sich noch ein wenig weiter vorzuwagen. Vielleicht habt ihr so etwas noch nie ausprobiert, seid aber neugierig, wenn auch etwas zögerlich. Wie würde es sich anfühlen? Wie würden wir es machen? Wie könnte es für uns als Paar funktionieren? Nicht-Monogamie kann erotisch, aufregend, verwirrend sein und manchmal, ob man es glaubt oder nicht, sogar Partner einander näherbringen. Ob ihr nun daran interessiert seid, euch nebenher mit anderen zu treffen, zusammen zu swingen oder euer Herz für mehrere romantische Partner zu öffnen, dieses Buch kann dir und deinem Partner helfen, die wichtigen Gespräche zu führen, die zuerst stattfinden müssen.

Dies bringt uns zum Geheimrezept, mit dem Paare erfolgreich nicht-monogame Beziehungen navigieren. Und hier ist es: Kommunikation und Ehrlichkeit. Was für eine Überraschung, nicht wahr? Wer hätte das gedacht?

Viele Paare glauben, dass ihre Kommunikation gut funktioniert und das mag auch sein – aber wenn es darum geht, eine neue Richtung in eurer Beziehung einzuschlagen, liegt das Problem darin, dass „ihr nicht wisst, was ihr nicht wisst". Manchmal bedenken Paare einfach nicht alles, was sie vor dem Öffnen der Beziehung hätten besprechen sollen. Dies kann zu Verletzungen, Eifersucht oder Schlimmerem führen. Vermeidet diese Fallstricke und nutzt dieses Buch, um die dringend erforderlichen Gespräche anzuregen.

Einige der Fragen erforschen den erotischen Aspekt, andere sind introspektiv und wieder andere können sogar logistischer Natur sein. Wenn man einen nicht-monogamen Lebensstil in Betracht zieht, sollten Paare immer über Hoffnungen, Grenzen, Ängste und Wünsche reden, um erfolgreiche und gesunde Beziehungen zu gewährleisten.

Für diejenigen, die nicht mit der Nicht-Monogamieszene vertraut sind, gibt es viele Begriffe, die euch begegnen können, wenn ihr diese Themen diskutiert. Ich werde eine kurze Erklärung zu einigen dieser Begriffe geben. *Um es deutlich zu machen: Es gibt viele*

verschiedene Varianten und Geschmacksrichtungen
bei nicht-monogamen Beziehungen, die sich auch
manchmal überschneiden; bitte beachtet also, dass
ich aus Gründen der Einfachheit teilweise
generalisiere.

Offene Beziehung – Eine Beziehung, in der sich beide
Partner darauf einigen, dass jeder von ihnen sexuelle
Beziehungen zu anderen haben kann.

Swinging – Ein Paar, das sexuelle Beziehungen mit
anderen Paaren, Personen oder Gruppen eingehen kann.

Polyamorie – Die Praxis, mit Zustimmung aller
Beteiligten mehrere sexuelle, intime oder romantische
Beziehungen einzugehen.

Der Lifestyle – Ein allgemeiner Begriff, der von
Swingern häufiger verwendet wird, um Paare zu
bezeichnen, die irgendeine Art von nicht-monogamem
Lebensstil oder nicht-monogamen Beziehungen haben.

Nehmt euch jetzt die Zeit, die ihr beide benötigt, um
eure Gefühle aufmerksam zu erforschen und die
Gesprächseinstiege in diesem Buch zu diskutieren.
Beantwortet die Fragen mit Bedacht und schaut tief in
euch hinein, um euch vorzustellen, wie ihr euch in den

jeweiligen Situationen fühlen würdet. Das Wichtigste ist, ehrlich zu euch selbst und eurem Partner zu sein.

Viel Spaß!

Was dieses Buch nicht ist

Dieses Buch soll Grenzen erweitern und neu definieren. Allerdings ist es nicht für unsichere Paare oder Einzelpersonen gedacht oder solche, die zu Eifersucht neigen.

Dieses Buch ist nicht als Ersatz für therapeutische Gespräche gedacht und dient nur zu Unterhaltungszwecken. Wenn ihr sexuelle oder beziehungsbezogene Probleme habt, empfehlen wir dringend einen Sexualtherapeuten oder Eheberater.

Wir sprechen weder besonderen Empfehlungen für Dinge in diesem Buch aus, noch ermutigen wir Handlungen oder Verhaltensweisen, die außerhalb der Grenzen liegen, innerhalb derer sich eine Person wohl fühlt. Darüber hinaus empfehlen wir keine unsicheren Sexualpraktiken oder regen dazu an.

Dies ist keine vollständige Liste aller Varianten und Arten von nicht-monogamen Beziehungen. Manche der Fragen beziehen sich auf Nicht-Monogamie im Allgemeinen, andere richten sich spezifisch auf eine bestimmte Nische, wie beispielsweise Swingen oder Polyamorie. Das ist auch Absicht. Du und dein Partner

wissen vielleicht noch nicht, wonach ihr genau sucht –
und das ist in Ordnung. Dafür sind diese Fragen auch
gedacht: sie sollen dabei helfen, es herauszufinden.

Nachdem ihr es besprochen habt, stellt ihr vielleicht fest,
dass ihr eher zu dieser Variante neigt als zu jener. Das
Wichtigste ist, dass ihr beide das gleiche wollt und wisst,
was für eure Beziehung am besten ist. In diesem Buch
findet ihr einfach nur Gesprächsanregungen, die euch
hoffentlich zu tieferen Diskussionen verhelfen werden.
Arbeitet die Fragen also gerne aus und improvisiert. ;)

1

Macht es dich an, zu sehen, wie dein Partner mit anderen flirtet?

2

Hast du jemals beim Sex an jemand anderen als deinen Sexpartner gedacht?

3

Was hältst du von „Freikarten"? (Erlaubnis, mit jemand anderem zu schlafen)

4

Wie würdest du persönlich eine „offene Beziehung" definieren?

5

Kannst du dich daran erinnern, jemals angetörnt gewesen zu sein, während du deinem Partner bei der Interaktion mit einer anderen Person zugesehen hast?

6

Was spricht dich am meisten an der Nicht-Monogamie an? Warum?

7

Wenn du deinem Partner beim Sex mit jemand anderem zusehen müsstest, wen würdest du wählen und warum?

8

Kann sich Eifersucht jemals erotisch anfühlen?

9

Wie sieht deine Vorstellung davon aus, wie „Swinging" funktioniert? Was hältst du davon?

10

Glaubst du, dass du für mehr als eine Person romantische Liebe gleichermaßen empfinden kannst?

11

Wenn wir mit anderen Leuten texten oder online chatten, sollten dies private oder Gruppengespräche sein?

12

Wie würdest du dich fühlen, wenn ich etwas sexuell Neues mit einer anderen Person ausprobieren würde? Etwas, das wir zuvor noch nie ausprobiert haben.

13

Wenn jemand uns beim Sex zusehen müsste, wen würdest du wählen? Findest du die Vorstellung aufregend, dass sie uns zusehen?

14

*Wenn jemand in unserer
Familie davon erfahren
würde, was denkst du, was
er wohl sagen würde?*

15

Gibt es eine körperliche oder sexuelle Handlung, die nur für dich und mich reserviert sein sollte?

16

Gibt es etwas, das du schon immer mit jemand anderem versuchen wolltest, aber zögerst, es mit mir zu tun?

17

Falls wir Sex oder intime Beziehungen zu anderen Menschen haben sollten, welche Art von Grenzen müssen wir dann vorher gesetzt haben?

18

Wie kommt man über
Eifersucht hinweg?

19

Wenn wir mit einem anderen Paar Partner tauschen würden, würdest du es vorziehen, wenn wir im selben Raum oder in getrennten Räumen wären?

20

Was ist etwas, das du als etwas Besonderes für uns und nur für uns empfindest?

21

Wenn wir swingen oder Partner tauschen würden, welche Freunde könntest du dir vorstellen, zu uns ins Schlafzimmer einzuladen?

22

Wie viele Liebhaber sind zu viele Liebhaber? Gibt es „zu viel" überhaupt?

23

Wäre es dir lieber, wenn dein Partner mit jemandem des gleichen oder des anderen Geschlechts herummacht?

24

Beschreibe, wie du mit jemand anderem als deinem Partner flirten würdest. Wie sollte diese Person mit dir flirten?

25

*Was hältst du davon,
anderen Leuten zu sexten,
also erotisch mit ihnen zu
texten oder zu chatten?*

26

Was würdest du davon halten, wenn wir einen Dreier hätten? Würdest du dafür einen zusätzlichen Mann oder eine zusätzliche Frau bevorzugen?

27

Gibt es etwas, das du als völlig tabu empfinden würdest? Warum? Könnte irgendetwas jemals deine Meinung ändern?

28

Würdest du einen „Sexclub" besuchen? Wenn ja, würdest du mitmachen wollen oder einfach mal „gucken, worum es da geht"?

29

Wie kann deiner Meinung nach Nicht-Monogamie unserer Beziehung zugutekommen?

30

Wie oft sollten wir uns auf STIs (Sexuell übertragbare Infektionen) testen lassen?

31

Ergänze den Satz: Ich würde dich gerne mit einer anderen Person _____ sehen.

32

Beschreibe ausführlich, wie du dir deine erste nicht-monogame Erfahrung vorstellen würdest.

33

Wenn wir einmal nicht-monogam geworden sind, können wir dann jemals wieder zur Monogamie zurückkehren? Warum oder warum nicht?

34
Was machen wir, wenn einer von uns eine Pause von der Nicht-Monogamie machen will?

35

Wenn ich eine Freundin oder einen Freund hätte, würdest du sie oder ihn kennenlernen wollen?

36

Würdest du jemals in Betracht ziehen, bei einer Orgie mitzumachen? Wenn ja, was wären die Voraussetzungen dafür?

37

Würdest du jemals einen FKK-Strand oder ein Hotel besuchen wollen, in dem Kleidung optional ist? Wie sieht es mit einem „Lifestyle"-freundlichen Hotel oder Club aus?

38

Wenn du mit einem deiner Ex-Freunde Sex haben müsstest, wer wäre es dann und warum?

39

Sollte die Wiederaufnahme einer sexuellen Beziehung mit einem Ex tabu sein? Warum oder warum nicht?

40
Hältst du dich für einen „besitzergreifenden" Menschen?

41

Was ist intimer, eine emotionale Verbindung oder eine sexuelle Verbindung?

42

Wenn wir ein Date mit einem anderen Paar hätten, wie würdest du den perfekten Abend mit ihnen beschreiben?

43

*Hast du jemals Fantasien
über jemandem gehabt, den
wir beide kennen?*

44

Dürfen wir mit gemeinsamen Freunden schlafen?

45

Bist du mehr daran interessiert, mit anderen Paaren, Singles oder Gruppen zu spielen?

46

Denkst du jemals beim Masturbieren an jemanden von der Arbeit, der Schule oder anderswo?

47

Möchtest du dir langfristige Beziehungen suchen oder einfach nur gelegentlichen Sex?

48

Wie willst du dabei vorgehen, andere Menschen zu treffen?

49

Was sind die Risiken für unsere Beziehung?

50

Denkst du, dass es Romantik nur zwischen uns geben sollte, oder sollten wir sie auch mit anderen teilen?

51

*Wie wichtig ist es,
nach einem sexuellen
Kontakt mit einer anderen
Person die Verbindung
zwischen uns beiden
wieder zu stärken?*

52

Würdest du gerne einem anderen Paar beim Sex zusehen? Hast du da jemand Bestimmten im Kopf?

53

Was würdest du davon halten, vor einer Gruppe von Leuten Sex zu haben?

54

Wenn ich mit einer anderen Person alleine ein Date hätte, würdest du dann alle Details hören wollen? Falls wir Sex hatten, würdest du alles darüber wissen wollen?

55

Sollte irgendein Aspekt einer sexuellen Beziehung mit jemand anderem Privatsache sein?

56

*Was klingt für dich
attraktiver: offene
Beziehungen, Swinging
oder Polyamorie? Warum?*

57

Würde es dir gefallen, dabei zuzusehen, wie mich jemand anderes verwöhnt? Wenn ja, beschreibe eine erotische Situation, bei der du gerne zusehen würdest.

58

*Was würdest du davon
halten, wenn ein Liebhaber
unser Bett mit uns teilt?*

59

Ergänze den Satz: Ich würde dich nie mit einer anderen Person _____ sehen wollen.

60

Wenn ich mit jemand anderem sexuell aktiv wäre, wäre das Geschlecht dieser Person für dich von Bedeutung?

61

Wer war unter all deinen früheren Sexualpartnern (abgesehen vom jetzigen Partner) der beste und warum? Hättest du gerne die Gelegenheit, wieder Sex mit dieser Person zu haben?

62

Was wäre dir lieber: Mir bei einer heißen Sexnummer direkt vor deinen Augen zuzusehen oder zuzuhören, wie ich lauten, wilden Sex hinter verschlossenen Türen habe?

63

Wie viel Zeit pro Woche sollten wir mit anderen Leuten verbringen und wie viel ist nur für uns beide reserviert?

64

Was könnte ein potenzielles Problem oder ein „wunder Punkt" für uns sein, wenn wir einen nicht-monogamen Weg einschlagen?

65

Haben wir irgendwelche verständnisvollen Freunde, mit denen wir frei darüber sprechen könnten? Gibt es jemanden, von dem wir nicht wollen, dass er es herausfindet?

66

Was ist eine meiner körperlichen Eigenschaften oder ein sexuelles Talent, von denen du denkst, dass auch andere Menschen die Chance haben sollten, in deren Genuss zu kommen?

67

Was ist eine meiner emotionalen Eigenschaften, von der du denkst, dass auch andere Menschen die Chance haben sollten, in ihren Genuss zu kommen?

68

Wie würdest du dich dabei fühlen, wenn wir andere intime Beziehungen außerhalb unserer eigenen unterbrechen müssten?

69

Würdest du dich als einen eifersüchtigen Menschen bezeichnen? Was kannst du tun, um Gefühle von Eifersucht zu mildern?

70

Was ist etwas, das ich tue und das dir das Gefühl gibt, etwas Besonderes oder geliebt zu sein? Wie würdest du dich fühlen, wenn ich es für jemand anderen tun würde?

71

Was würdest du von einer Probezeit halten, in der wir Nicht-Monogamie ausprobieren können?

72

Wie würdest du dich fühlen, wenn ich mit einem anderen Liebhaber eine mehrtägige Reise machen würde?

73

Was ist eine Sorge oder Angst, die du hast, falls wir die Nicht-Monogamie ausprobieren sollten?

74

Manche Leute halten andere Dinge als den reinen Geschlechtsverkehr für intimer, wie z.B. das Küssen. Was ist für dich das Intimste?

75

Welche Art von Verhütung sollten wir für Begegnungen außerhalb unserer Beziehung verwenden? Würde sich das ändern, wenn es sich um eine dauerhaftere Beziehung und nicht um einen One-Night-Stand handelt?

76

Bevorzugen wir als Paar One-Night-Stands oder längere sexuelle Beziehungen?

77

Was könnte ich tun, um die Situation zu beheben, wenn ich aus Versehen deine Gefühle verletzen würde?

78

Wenn wir mit einem anderen Paar zusammen und mitten in einer sexuellen Situation sind, sollten wir dann ein „Safeword" haben, mit dem wir signalisieren können, dass wir uns unwohl fühlen? Wenn ja, was soll es sein?

79

*Was würdest du denken,
wenn ich romantische
Gefühle für einen
Sexualpartner entwickeln
würde?*

80

*Was ist der kürzeste
Zeitraum, den du jemanden
kennen solltest, bevor du
mit ihm schläfst?*

81

Wie würdest du dich fühlen, wenn ich die Nacht bei einem Liebhaber verbringen würde?

82

Gibt es besondere Zeiten oder Feiertage, die immer gemeinsam mit „nur uns beiden" verbracht werden sollten?

83

Falls zutreffend: Wie würden wir gegebenenfalls mit einer unerwarteten Schwangerschaft umgehen?

84

Sollte es irgendwelche zeitlichen Grenzen für sexuelle Beziehungen zu anderen Menschen geben?

85

Wie würdest du dich fühlen, wenn ich mit jemandem von meiner Arbeit eine sexuelle Beziehung hätte?

86

Wenn wir ein Date mit einem anderen Paar hätten und einer von uns sich angezogen fühlt, der andere aber nicht, wie würden wir dann mit der Situation umgehen? Würde einer von uns „in den sauren Apfel beißen" und mit der sexuellen Begegnung fortfahren?

87

Wenn ich mich regelmäßig mit einer anderen Person treffen würde, was ist der längste Zeitraum, den du und ich getrennt voneinander verbringen sollten?

88

Beschreibe den Unterschied zwischen „Fremdgehen" und „vereinbarter Nicht-Monogamie".

89

Wie fühlst du dich, wenn ich eine Bemerkung über die Attraktivität einer anderen Person mache?

90

Gibt es sexuelle Aktivitäten, die außerhalb unserer Beziehung streng tabu sind?

91

Wie würdest du dich fühlen, wenn ich mich zu jemandem hingezogen fühlen würde, der nicht wie du aussieht oder sich wie du verhält?

92

Wenn wir mit einem anderen Paar „spielen" würden, wie würde das aussehen? Nur rummachen und streicheln? Oralsex? Heißer, verschwitzter Partnertausch?

93

Fühlst du dich zu einem meiner Freunde hingezogen? Wenn du die Chance und meinen Segen hättest, würdest du dann mit dieser Person Sex haben wollen?

94

Was sorgt für heißeren Sex, Romantik oder pure erotische Energie?

95

*Wie würdest du dich
fühlen, wenn ich einen
Liebhaber abends mit nach
Hause bringen würde?
Was, wenn er oder sie über
Nacht bleiben würde?*

96

Wenn wir zusammen und mitten in einer sexuellen Begegnung mit anderen Menschen wären, wie könnten wir uns dann miteinander „kurzschließen", um sicherzustellen, dass es uns beiden gut geht?

97

Wenn wir uns auch mit anderen Menschen treffen, wie schaffen und erhalten wir dann Raum für unsere Beziehung?

98

Würdest du sagen, dass du eher nervös, vorsichtig oder gespannt bist, die Nicht-Monogamie auszuprobieren?

99

Gibt es einen bestimmten Personentyp, mit dem du mich gerne sehen würdest oder von dem du denkst, dass er gut zu meiner Persönlichkeit passen würde?

100

Gibt es irgendwelche Kosenamen, die nur uns gehören sollten?

101

Was passiert, wenn einer von uns angemacht wird oder ein sexuelles Angebot bekommt, wir aber noch keine Gelegenheit hatten, darüber zu sprechen? Nehmen wir das Angebot an?

102

Was würdest du davon halten, ein Video anzusehen, in dem ich mit einer anderen Person Sex habe? Wenn dir die Idee gefällt, welche Art von Dingen würdest du gerne passieren sehen?

103

*Was ist das Wichtigste,
das wir zur
Aufrechterhaltung des
Vertrauens in unserer
Beziehung tun müssen,
wenn wir sexuelle
Beziehungen zu anderen
Menschen eingehen?*

104

Was würdest du denken, wenn ich Sex mit einem völlig Fremden hätte?

105

Möchtest du alle schmutzigen Details einer sexuellen Begegnung außerhalb unserer Beziehung hören oder lieber nicht?

106

Gibt es in unserem Bekanntenkreis Personen, die sexuell gesehen tabu sein sollten? Irgendjemand, bei dem du dich unwohl fühlen würdest?

107

Was ist etwas, das du am allermeisten von mir brauchst, damit du dich mit der Erkundung der Nicht-Monogamie wohler fühlst?

Verleih deinem Sexleben noch mehr Würze und entdecke alle „Lass uns reden " erotischen Fragebücher von J.R. James:

Lass uns über sexuelle Fantasien und Wünsche reden

Verleihe deinem Sexualleben Würze, indem du in sexuelle Fantasien eintauchst und deine sexuellen Interessen erforschst. Erkunde die sexuelle Vergangenheit deines Partners und finde heraus, was ihn wirklich erregt. Heizt die erotische Energie bei der Entdeckung von Dingen an, die vorher nie enthüllt wurden und sprecht aus, was euch wirklich antörnt!

Lass uns über Nicht-Monogamie reden

Interessiert an offenen Beziehungen, Swinging oder Polyamorie? Wenn du ethische Nicht-Monogamie jeglicher Art erkunden möchtest oder bereits praktizierst, werden diese aufschlussreichen Gesprächsfragen dir und deinem Partner dabei helfen, sexuelle Wünsche, Grenzen und Erwartungen gemeinsam zu untersuchen und zu diskutieren.

Lass uns über sexuelle Vorlieben und Fetische reden

Möchtest du gerne mit deinem Partner euren sexuellen Horizont erweitern? Willst du im Schlafzimmer verwegener werden, weißt aber nicht, wo du anfangen sollst? Wenn du einen inneren Wildfang hast, der nur darauf brennt, endlich freigelassen zu werden, dann ist dieses Buch für dich.

ÜBER DEN AUTOR

J.R. James weiß, dass erotische Gespräche mit dem Partner ein magisches, verbindendes Erlebnis sind. Seine Bestsellerreihe von Fragebüchern ermuntert Paare zu offenen und ehrlichen sexuellen Diskussionen. Das Ergebnis ist eine Beziehung, die sowohl erotisch aufgeladen als auch sexuell befreiend ist.

www.ingramcontent.com/pod-product-compliance
Lightning Source LLC
Chambersburg PA
CBHW071235020426
42333CB00015B/1484